Ladenburg

Ein Streifzug durch die Jahrtausende

W0323649

Titelfoto: Türme der St. Galluskirche

LADENBURG

Ein Streifzug durch die Jahrtausende

Texte: Karl Hoffmann und Rainer Beedgen

Photographie: Photographische Interessen-Gesellschaft Pentaprisma (PIGP) unter der Leitung von Uwe Wagenfeld

Edition Braus

Danksagung

Wir danken der Stadt Ladenburg und dem Heimatbund für die Unterstützung dieses Projektes. Ferner gilt unser Dank Herrn Sebastian Sommer vom Landesdenkmalamt Baden-Württemberg für die Bereitstellung von graphischem Material.

Schrifttum

Von den zahlreichen Publikationen über Ladenburg seien hier exemplarisch solche erwähnt, die über einen signifikanten Bildteil verfügen.

Gerke, H.: Ladenburg St. Gallus und Ladenburg St. Sebastian, Schnell Kunstführer Nr. 1502, Verlag Schnell und Steiner, München, Zürich, 1984.

Häusser, R., Heukemes, B.: Ladenburg – Portrait einer 2000jährigen Stadt, 4. ergänzte und veränderte Auflage, Südwestdeutsche Verlagsanstalt, Mannheim 1983.

INHALT

Erinnerung an das alte Gasthaus Krone
Ecke Kirchenstraße / Hauptstaße

Einleitung

Alte Städte haben Charakter und Persönlichkeit. Keine gleicht der anderen. Die Geschichte, die Lage, die mit ihr verbundenen Menschen prägen das Gesicht einer Stadt. Das trifft auch auf Ladenburg zu. Diese kleine liebreizende Stadt von 12000 Einwohnern hat sich zwischen den Großstädten Mannheim und Heidelberg behauptet. Ihre Geschichte ist von Höhen und Tiefen begleitet. Ihr Schicksal wurde von ihren Bürgern, ihren Herrschern, religiösen Einflüssen und großen geschichtlichen Ereignissen bestimmt. Die Stadt ist ein Platz von über 5000jähriger Besiedelung und gilt als älteste rechts des Rheines in Deutschland. Sie liegt am Unterlauf des Neckars wenige Kilometer vor Mündung in den Rhein und hat ein mildes Klima. Es lebten auf ihrem Gebiet die Kelten, Römer, Alamannen, Franken. Der Bischof von Worms hatte seine Nebenresidenz in dieser Stadt. Der Kurfürst von der Pfalz rang mit dem Bischof um sie. Im Mittelalter waren Deutsche Kaiser zu Gast. So wissen wir von Heinrich II., Heinrich IV. oder Maximilian I.. Ludwig XIV. oder Napoleon und ihre Politik hinterließen Spuren in dieser Stadt. Der Großherzog von Baden in Karlsruhe war Landesherr und besuchte sie. Sie war Schauplatz antijüdischer Pogrome im Dritten Reich. Die Synagoge in der Hauptstraße wurde in der Nacht vom 8. auf den 9. November 1938 zerstört.

Heute gehört Ladenburg zum Rhein-Neckar-Kreis des Landes Baden-Württemberg. Sie zählt zu den besterhaltenen Kleinstädten des Landes und ist eine der bedeutendsten frühen Stadtgründungen. Sie ist eine wichtige Schulstadt und eine Stadt mit vielen Arbeitsplätzen in Industrie und Gewerbe. Vieles, was in Ladenburg heute wieder zu sehen ist, ist das Ergebnis von vielfältigen Aktivitäten in den letzten vierzig Jahren. Behutsame Kommunalpolitik, die vielfältigen Aktivitäten des Heimatbundes und das Engagement vieler Einheimischer haben Ladenburg von einem kleinen unbeachteten Städtchen zu einem historischen Kleinod werden lassen.

Das Landesdenkmalamt Baden-Württemberg ist ständig mit archäologischen Grabungen in der Stadt aktiv. Zum Schutz des historischen Erbes wurde Ladenburg im Jahr 1994 zum Grabungsschutzgebiet erklärt. Damit soll das noch im Boden ruhende historische Kulturgut der Nachwelt gesichert werden.

Lassen Sie sich bei einem Rundgang durch Ladenburg von ihrem Liebreiz verzaubern und versuchen Sie, die vielen Jahrhunderte, die das Gesicht Ladenburgs prägen, in sich aufzunehmen. Wir versuchen, Geschichtsunterricht anschaulich und beispielhaft, lebendig und kurzweilig zu gestalten. Hinter den Bauwerken und in den Gassen spielt sich menschliches Leben mit Höhen und Tiefen, Freude und Leid, Arbeit und Festen ab. Vielleicht machen Sie eine Pause in den zahlreichen Restaurants und Cafés. Lassen Sie sich von den Fotografien verzaubern, auch wenn Sie sich vielleicht schon wieder in weiter Ferne von dieser Stadt aufhalten.

Ein Streifzug durch Jahrtausende

Wasserturm vom Bischofshof aus gesehen

Ladenburg rühmt sich, die älteste deutsche Stadt rechts des Rheins zu sein. In der Tat, es sind ihr nie Stadtrechte verliehen worden, und seit der Wende vom 1. zum 2. Jahrhundert n. Chr. ist sie immer als Stadt bezeichnet worden; seit dieser Zeit ist städtisches Leben in ihr nachweisbar. Vielfältige Zeugnisse dieser fast 2000jährigen städtischen Kultur haben die Zeiten überdauert und drängen sich auf engem Raum. Daher bedarf der Gast eines Begleiters, der ihm sagt, welche Spuren die Geschichte in das Antlitz dieser Stadt gezeichnet hat, sie deutet und ihn auf bemerkenswerte Einzelheiten hinweist. Unser Führer möchte diesen Dienst übernehmen. Dabei führen die Ziffern 1 bis 29 zu den wichtigsten Sehenswürdigkeiten. Der Rundgang kann aber leicht durch die unter A bis C genannten Spaziergänge erweitert werden.

Wir beginnen den Rundgang zweckmäßigerweise am Dr. Carl-Benz-Platz (1). Dort sind Parkplätze in ausreichender Zahl vorhanden, der Bahnhof ist nicht weit entfernt, Bushaltestellen sind in unmittelbarer Nähe, und für Wanderer und Radfahrer ist der 1903 erbaute Wasserturm nicht zu übersehen. Er steht an diesem Platz und gerade gegenüber zeigt ein Wegweiser den nächsten Weg für Fußgänger in die Altstadt.

Ihm wollen wir folgen und erreichen bald hinter den Häusern der Bordhofstraße die Deichwiese (2), eine Grünanlage, die sich nach Süden bis zur Lobdengauhalle erstreckt. Diese Grünfläche erinnert uns an die Vorzeit, denn sie ist auf einem verlandeten Neckararm angelegt, der noch bis in das frühe Mittelalter hier nach Norden floß.

Rund um den Bischofshof (3-8)

Bischofshof von Südwesten aus gesehen

Nur wenige Schritte weiter stehen wir vor der Zwingermauer, die zusammen mit den davor liegenden Gräben dem Bischofshof und der Stadt einen verstärkten Schutz bieten sollte. Als später diese Verteidigungsanlagen durch die Entwicklung modernerer Waffen an Wert verloren hatten, haben die Bischöfe dort Hirsche und Rehe ausgesetzt. Der Name „Hirschgraben" (2) erinnert noch heute daran.

Über die Treppe erreichen wir das Areal des Bischofshofes (3+4). Oben gewährt uns eine offen gelassene Ausgrabungsgrube einen interessanten Einblick in die Vergangenheit dieses geschichtlich so bedeutenden Bezirks. Gleich tief unten links erkennen wir ein Stück Mauer, das von einem Gebäude aus der Zeit um 90 n. Chr. und damit aus der Zeit stammen dürfte, als das Steinkastell angelegt worden ist. Rechts davon erkennen wir den Gußmörtelboden mit dem Mauerzug eines Gebäudes aus dem 2. Jahrhundert.

In diesen Boden ist später die Basisplatte einer mächtigen Säule eingelassen worden, deren Kapitell unmittelbar daneben gefunden wurde. Die rekonstruierte Säule mit dem Originalkapitell vermittelt dem Betrachter einen Eindruck von der imposanten Größe des Bauwerks, das von den Römern um 200 hier am Hochufer des Neckars errichtet worden ist. Am daneben sichtbaren Eckpfeiler des Bischofshofs sieht man, daß im frühen Mittelalter römische Ruinen als Steinbruch genutzt worden sind; das Stück eines profilierten Gesimses und ein Stein mit der Öffnung für eine Türangel sind zu erkennen. Weitere sichtbare Fundamente sind dem Bischofshof aus der Zeit um 1200 zuzuordnen. Aus der gleichen Zeit etwa stammen die Reste der Stadtmauer und der hier auf sie zulaufenden Zwingermauer, die zusammen mit dem Stumpf des Pfaffenturms die Ausgrabungsfläche begrenzen. Dieser Turm ist bei der Belagerung Ladenburgs durch Mansfeld im Frühjahr 1622 zerstört worden.

der ersten Abteilung wird es in dieser zahlreiche Funde vor allem aus römischer Zeit zeigen, die einen guten Eindruck von der einstigen Bedeutung des Ortes unter römischer Herrschaft vermitteln. Das berühmte Sol-Mithras-Relief, das Original der Jupitergigantensäule und ein Lackprofil des

Jupitergigantensäule und Bischofshof bei Nacht

Detail der Jupitergigantensäule im Park beim Bischofshof

Im Bischofshof (4) ist heute das Lobdengaumuseum untergebracht, das mit seinen reichhaltigen Sammlungen einen umfassenden Überblick über die Geschichte der Stadt und der Volkskultur des Landes am unteren Neckar bietet. Es ist z.Zt. leider noch geschlossen, weil durch die zahlreichen Funde während der Neubautätigkeit in den letzten Jahrzehnten eine Erweiterung dringend erforderlich war. Nach der Wiedereröffnung

Kastellgrabens werden neben vielen Götterbildern und römischem Kleingerät Glanzpunkte dieser Ausstellung sein. In der zweiten später eröffneten Abteilung werden die Stadtgeschichte vor allem in bischöflicher Zeit und mit einer großen Sammlung von Möbeln aus der Werkstatt der Odenwälder Malerfamilie Baier die Volkskultur unseres Raumes dargestellt werden.

Bischofshof von Nordosten aus gesehen

Der Bischofshof selbst geht auf den fränkischen Königshof zurück, der im 6. Jahrhundert errichtet worden ist. Durch König Dagobert wurde er 628 den Bischöfen von Worms geschenkt, die ihn bis 1705 als Sommerresidenz nutzten. Als sie mit den Bürgern von Worms in Streit lagen, war er von 1398 bis 1564 sogar deren Hauptresidenz. Im Laufe der Zeit mehrfach um- und ausgebaut, hat er schließlich sein heutiges Aussehen erhalten. So ist 1590 unter Bischof von Schönberg der Norderker gebaut worden. Das Wappen dieses Bischofs, eine qualitätsvolle Renaissancearbeit, ist am Obergeschoß zu sehen, während am Erdgeschoß das Relief des hl. Petrus mit dem Wormser Bistumswappen eingelassen ist. Die Brunnenschale darunter zeigt – wie das Kapitell der gegenüber aufgestellten Säule – das Wappen des Bischofs Philipp von Rodenstein. Von Bischof Wilhelm von Effern schließlich ist 1610 der Treppenturm errichtet worden, um – wie die Inschrift auf der Wappentafel über dem Eingang sagt – den Zugang bequemer zu gestalten. Sein Nachfolger, Bischof Georg Friedrich von Greiffenclau, ließ 1620 den Süderker bauen. Die bemerkenswerte Fassadenmalerei aus der Zeit vor dem Dreißigjährigen Krieg konnte 1975 restauriert werden, weil zuvor wesentliche Teile der ursprünglichen Bemalung entdeckt worden sind. Charakteristisch für diese Malerei sind der rosafarbene Grundton und die perspektivisch korrekt aufgemalten Architekturformen wie z.B. Giebel, Gesimse und Eckbossen. An der Nordseite des Gebäudes ist gegen die Hauptstraße zu eine große Wappentafel des Bischofs Friedrich von Domeneck eingelassen, die dieser 1434 beim Umbau des Festsaales über dem Kamin

Sol-Mithras-Relief im Lobdengaumuseum

anbringen ließ. Sie zeigt außer dem Domeneckschen Wappen auch das der Mergetheim, Nypperg und Berlichingen. Im ersten Obergeschoß erkennt man den jetzt vermauerten Zugang zum Wehrgang der Stadtmauer, über den man zum unweit entfernten Neckartorturm gelangen konnte.

Der Platz vor dem Bischofshof und die angrenzende Parkanlage sind als Freilichtmuseum gestaltet. Sie wird gegen die Hauptstraße von drei Pfeilern begrenzt, die von Gebäuden an der Forumstraße des antiken Ladenburg stammen.

Unmittelbar neben dem Treppenaufgang ist in der Stützmauer ein über 8 Meter tiefer römischer Brunnen erhalten, der noch bis in das Mittelalter hinein benutzt wurde. Der Ziehbrunnen vor dem Bischofshof stammt, wie die Inschrift ausweist, aus dem Jahre 1503 und ist rund 12 Meter tief. In unmittelbarer Nähe steht die von dem Ladenburger Bildhauer und Restaurator Hans Volker Dursy geschaffene originalgetreue Kopie einer Jupitergigantensäule, die 1973 beim Bau eines Hauses in einem römischen Brunnen gefunden wurde. Wir sehen oben auf der Säule den romanisierten einheimischen Wettergott in der Gestalt des blitzeschleudernden Jupiter, wie dieser mit seinem Pferd den Erdgiganten niedertrampelt. Um anzudeuten, daß dieser Kampf zwischen himmlischen und irdischen Mächten über die Jahreszeiten hinweg geführt wird, ist das Säulenkapitell mit vier Frauenköpfen geschmückt, die die vier Jahreszeiten symbolisieren. Der Sockel, auf dem die Säule steht, zeigt Herkules, Merkur, Juno und Minerva. Die Stifterinschrift am

Stadt- und Bischofsfahnen am Bischofshof

Zwischensockel sagt, daß Novanius Augustus diese Säule auf seinem Eigentum wiederhergestellt hat. Fundumstände und nähere Untersuchungen ergaben, daß die Säule bei einem ersten Alamanneneinfall im Jahre 233 zum ersten Mal und nach der Restaurierung durch den Stifter nach dem Alamanneneinbruch im Jahr 260 wiederum in den Brunnen gestürzt worden ist.

Auf einer großen Tafel an der Hauswand hat der Ladenburger Archäologe Dr. Berndmark Heukemes, der das Areal des Bischofshofes eingehend erforscht hat, die hier gemachten Funde und diese Säule ausführlich erläutert. Bei dem unter dieser Tafel liegenden Steinbalken handelt es sich um eine Sitzstufe eines großen Kulttheaters vor den Mauern Lopodunums mit dem Namen des Stifters Optatus Tetricus.

Im Park erkennen wir gleich links das Teilstück des Burggrabens, der den Königshof und späteren Bischofshof gegen die Bürgerstadt abgrenzte. Bei seiner Anlage ist auch das Mauerwerk römischer Gebäude aus dem 2. und 3. Jahrhundert angeschnitten worden, das jetzt im Graben sichtbar ist.

Die Ausgrabungsstelle gegenüber der Sebastianskapelle und Dalberggrundschule gibt den Blick frei auf die konservierten Fundamente eines Kastelltorturmes sowie Mauerzüge ziviler römischer und frühmittelalterlicher Bauten. Das Steinkastell ist anstelle eines Holz-Erde-Kastells im Jahre 90 n. Chr. unter Kaiser Domitian angelegt worden. Mit einer Fläche von rund 4 Hektar war es das größte bis jetzt bekannt gewordene Auxiliarkastell in Südwestdeutschland. In ihm war eine Eliteeinheit des römischen Heeres, die

500 Mann starke Reitertruppe der Cannanefaten, stationiert. Von diesem Kastell sind hier die Fundamente des neckarseitigen Torturmes, der porta praetoria, zu sehen. Eine Seltenheit ist die profilierte Berme an der Nahtstelle des senkrechten Mauerwerks und des davor liegenden Grabensystems. Die

Turm der St. Sebastiankapelle beleuchtet

Kastelltorfundamente werden überlagert von Mauern der Gebäude, die nach Aufhebung des Kastells zu Beginn des 2. Jahrhunderts längs der Forumstraße errichtet worden sind. Diese Straße ist bei Grabungen unter der heutigen Kapelle entdeckt worden. Im rechten Winkel auf den genannten Mauerzug stößt die Mauer eines Gebäudes aus dem 3. Jahrhundert. Schließlich sieht man die Kastelltormauern noch vom Halbrund eines Treppenturmes aus der Zeit des merowingischen Königshofes (6. Jahrhundert) überlagert. Die Fundamente des Schulgebäudes sind in das 8. Jahrhundert zu datieren und stammen vom bischöflichen Saal, der bis 1885 hier stand. Im Park sind außerdem auf nachgearbeiteten Pfeilern Kapitelle zu sehen, die ebenfalls vom Königshof stammen und an diesem Platz gefunden worden sind.

An der bischöflichen Hofkapelle St. Sebastian (6) beeindruckt der um 1050 auf quadratischem Grundriß errichtete Turm mit dem durch Blendarkaden gegliederten Zwischenbau. Bei genauerem Hinsehen erkennen wir seltsame, in Stein gehauene Fratzen. Es sind dies Relikte heidnisch-germanischen Glaubens, die auf der Westseite früher christlicher Gotteshäuser zur Abwehr des Bösen angebracht worden sind. Die unter syrischem Einfluß stehende Turmhaube ist um 1270 entstanden. Wormser Bischöfe hatten durch die Kreuzzüge Nomadenzelte kennengelernt und diese in ihrem Herschaftsbereich vereinzelt mit Steinplatten als Turmhaube nachbilden lassen (Wormser Hut).

Gehen wir um den im Jahr 1474 durch Bischof Reinhard von Sickingen errichteten Chor der Kapelle, so gelangen wir durch eine kleine Pforte in den Vorhof des bischöflichen Bezirks.

Die Stadtmauer mit dem rekonstruierten Wehrgang stammt aus dem beginnenden 13. Jahrhundert, als der Bischofshof in die Stadtumwehrung mit einbezogen wurde. Rechts an der Straße sieht man noch den Pfosten einer Tür, welche die Bischöfe 1613 in die Mauer brechen ließen, um zu ihrem Lustgarten – einer Parkanlage, die bis zum Neckar reichte – zu gelangen. Das Kruzifix an der Längswand der Kirche ist Ende des 16. Jahrhunderts geschaffen worden.

St. Sebastiankapelle

Der Vorplatz des Bischofshofes war ursprünglich gegen diesen durch eine Torhalle begrenzt, an die heute die Eingangshalle der Kapelle erinnert.

Das Innere der Sebastianskapelle ist in der Regel nur im Rahmen von Führungen zu besichtigen. Dabei finden besonders die zahlreichen Freskenmalereien aus verschiedenen Jahrhunderten das Interesse der Besucher. Um den Schlußstein des Chorgewölbes mit dem Wappen des Erbauers, Bischof Reinhard von Sickingen, sind Pflanzenranken aus dem Jahr 1474 zu sehen. Die übrigen Felder des Gewölbes sind mit phantasievollen Blumengirlanden überzogen, die Hans Spies aus Mainz 1586 malte. Das Jüngste Gericht am Triumphbogen ist mit dem Apostelzyklus an beiden Längswänden ebenfalls in der 2. Hälfte des 16. Jahrhunderts entstanden, während die Jakobusdarstellung an der Südwand dem 15. Jahrhundert zugeschrieben wird. An der Westwand ist nochmals ein Apostelzyklus mit der Krönung Mariens zu sehen, der einst die Rückseite einer Empore schmückte, von der aus die Gäste der Bischöfe den gottesdienstlichen Handlungen folgen konnten. Am gotischen Doppelfenster, das ebenfalls mit Rankenmustern und Heiligengestalten geschmückt ist, sind noch zwei Sitzplätze zu sehen. Die Darstellung des Kirchenpatrons St. Sebastian an der Nordwand des Kirchenschiffs wird wie die Emporenmalerei dem Meister des Hausbuchs zugeschrieben; sie zeigt den Heiligen in der Tracht eines Edelmannes, wie er Kaiser und König tritt, um damit den Herrschaftsanspruch der geistlichen über die weltliche Macht anzu-

Fresco in der St. Sebastiankapelle

deuten. Darunter ist das Fragment eines Heimgangs Mariens aus dem 14. Jahrhundert zu sehen.

Die in schlichtem Barock gehaltenen Altäre sind 1737 entstanden, während die Orgel 1787/90 von Hoforgelbaumeister Krämer geschaffen wurde. Die Gräber von Fürstbischof Ludwig Anton von Pfalz-Neuburg († 1694) im Chor und von Weihbischof Stephan Alexander Würdtwein († 1796) im Längsschiff sind durch schlichte Sandsteinplatten gekennzeichnet.

Verlassen wir den engeren Bereich des Bischofhofs, so fällt uns zunächst die aus Bruchsteinen gefertigte Umfassungsmauer auf, die diesen Bezirk seit der Mitte des 13. Jahrhunderts von der bürgerlichen Stadt trennte. An dem später herausgebrochenen Durchgang ist jetzt ein Portal von 1596 eingelassen, das von der abgebrannten Cronberger Mühle stammt. Es zeigt über einer Inschrift die Wappen derer von Cronberg und von Dalberg.

Das langgestreckte Barockgebäude auf der gegenüberliegenden Seite ist das ehemalige Günthersche Waisenhaus (7), das 1770 von einem wohlhabenden Ladenburger Bürger zur Unterbringung und Pflege katholischer Waisen gestiftet worden ist und bis zum Jahre 1938 bestand. Über dem barocken Hauseingang sehen wir eine Statue des hl. Rochus, des Patrons der Pestkranken, wie er dem Vorübergehenden seine Pestwunde zeigt.

An der Stelle des Waisenhauses stand früher der bischöfliche Marstall. Der Marstallbrunnen vor dem Gebäude und das Wappen des Bischofs von Schönberg aus dem Jahr 1590 über der Hofeinfahrt erinnern noch daran.

Hl. Sebastian, Fresco in der St. Sebastiankapelle

Deckengemälde im Chor der St. Sebastiankapelle

Die Kirchenstraße (8), die wir nun entlanggehen, bildet mit ihrer Fortsetzung der Färbergasse und der Mühlgasse im Stadtgrundriß ein langgestrecktes Oval, das dem Verlauf der frühmittelalterlicher Stadtbefestigung entspricht.Die Häuser auf der linken Seite der Kirchenstraße sind die sogenannten Kaplaneihäuser; in ihnen wohnten einst die Geistlichen und sonstigen Bediensteten des bischöflichen Hofes.

Bald kommen wir zur Einmündung der Heidelberger Straße. Diese geht noch auf römische Zeit zurück und verband als Hauptverkehrsachse in unserem Raum die Kastelle beim heutigen Heidelberg-Neuenheim mit Ladenburg und Worms. Im Mittelalter aber war sie Teilstück einer bedeutenden Fernhandelsstraße von Burgund und Oberschwaben zum unteren Main.

Günthersches Waisenhaus nahe der St. Sebastiankapelle

Hl. Rochus am Waisenhaus

A Ein Spaziergang auf der Römerstraße

„Drei Kreuze" an der Heidelberger Straße

Ein Spaziergang auf der Römerstraße wird uns interessante Einblicke in die Geschichte der Stadt gewähren.

Schon beim Haus Heidelberger Straße 8 sehen wir auf dem Straßenbelag die Fundamentmauern des südlichen Kastelltores (Porta principalis sinistra) aus dem Jahr 90 n. Chr. markiert, die Archäologen dort gefunden haben. Nähere Einzelheiten sind auf der Übersichtstafel des Landesdenkmalamtes an der Hauswand erläutert.

Das gleiche gilt für die Fundamente des Heidelberger Tores der mittelalterlichen Stadtmauer aus dem 13. Jahrhundert beim Haus Heidelberger Straße 12.

An der Sickingen-Hauptschule vorbei kommen wir zur Merian-Realschule, bei deren Bau der Archäologe Dr. Heukemes die über 100 Meter langen Fundamente einer Mansio mit Säulenportikus entdeckte, in der durchreisende römische Offiziere und Kaufleute Quartier machten. Damit haben wir auch schon das nach dem Krieg entstandene Neubaugebiet erreicht, das in seinem ganzen Umfang – zusammen mit der heutigen Altstadt – von Lopodunum, dem Hauptort der Civitas Ulpia Sueborum Nicrensium, überbaut war. Die Straßennamen erinnern alle an diese römische Vergangenheit.

Bei der Einmündung der Vespasianstraße in die Heidelberger Straße ist die Kopie eines Leugensteines aufgestellt, der einst dort an der Südgrenze der Stadt errichtet worden war. Solche Meilensteine standen entlang der Hauptverkehrsstraßen im Abstand einer gallischen Leuge (= 2200 Meter). Sie gaben die Entfernung zum jeweiligen Hauptort an. Außerdem trugen sie eine Weiheinschrift an den Kaiser, aus der hervorgeht, daß die hier zu sehende Säule im Jahr 220 zu Ehren des Kaisers Elagabal (218–220) gesetzt worden ist.

Nur wenige Schritte weiter finden wir rechts das „Aljenhäusel" mit einer Pieta aus der Werkstatt des Mannheimer Barockbildhauers Paul Egell (1750). Diese Wegkapelle steht an der Stelle eines römischen Heiligtums zu Ehren der Stadtgottheiten; jeder Auswärtige (= alienus) mußte hier vor Betreten der Stadt den Göttern seinen Obolus entrichten. Noch heute ist es Brauch, daß vorbeikommende Wanderer und Spaziergänger ein Geldstück durch die Gittertür werfen.

Bald kommen wir auf unserem Spaziergang zu den sagenumwobenen Drei Kreuzen, die auf der linken Seite bei einem Rastplatz zu sehen sind. Mit ihrem schlichten Aussehen, dem unbekannten Alter und dem unbekannten Grund ihrer Stiftung sind sie Gegenstand zahlreicher Legenden geworden.

Dort, wo die Straße einen Bach überquert, sehen wir rechts einen römischen Feldaltar. Der Pinienzapf – das Zeichen der Fruchtbarkeit – auf der Opferschale sagt uns, daß die Römer damit den Segen der Götter auf ihre Flur herabrufen wollten.

Bald kommen wir nun zu den Aussiedlerhöfen von Neubotzheim. Der Name erinnert uns an ein seit 755 erwähntes, im Mittelalter untergegangenes Dorf.

Eine kurze Strecke hinter Neubotzheim steht wieder eine Leugensäule, die uns zeigt, daß wir jetzt 2,2 Kilometer von der Südseite der römischen Stadt Lopodunum entfernt sind.

Halbrechts vor uns sehen wir die Häuser des bereits zu Dossenheim gehörenden Schwabenheimer Hofs. Mit seinem Namen erinnert er uns nicht nur an die einst hier stehende, Ende des 16. Jahrhunderts in den Fluten des Neckars untergegangene Burg Schwabeck, sondern auch an den Volksstamm der Sueben (Sweben). Es sind dies die Vorfahren der Schwaben, die von den Römern um die Zeitenwende in unserem Raum als Bauernmiliz angesiedelt worden sind.

Auf dem gleichen Weg wie hierher gelangen wir wieder zum Ausgangspunkt unseres Spaziergangs in der Kirchenstraße, oder aber wir wählen den Weg entlang des Naturschutzgebiets am Neckar zurück in die Altstadt.

Wo sich heidnisch-römische und christlich-abendländische Kultur begegnen (9–12)

Grundmauern der römischen Basilika

Setzen wir unseren Rundgang in der Kirchenstraße fort, so beeindrucken zunächst die schön renovierten Fachwerkhäuser aus dem 15. und 16. Jahrhundert. Beim Haus Kirchenstraße 23 sind zwei Fachwerkhäuser aus den Jahren 1620 und 1750 zusammengefaßt, wobei der ältere Hausteil durch reich verzierte Eckpfosten besonders gefällt.

Zwischen den Häusern Nr.25 und 29 verlassen wir kurz die Kirchenstraße, um die unmittelbar dahinter liegende Ausgrabungsstelle zu besichtigen. Dort haben Archäologen des Landesdenkmalamtes die Westfront des Forums untersucht. In den Zentren ihrer bedeutenderen Städte legten die Römer bekanntlich ein Forum als großen rechteckigen Platz an, der von öffentlichen Gebäuden, Tempeln und Läden umgeben war. In den Ausgrabungen sehen wir die Fundamente der Westbegrenzung des Forums mit Teilen der Anschlußbebauung. Dieses Areal wird demnächst mit einem Wohnhaus überbaut werden, wobei Vorkehrungen getroffen wurden, daß die gefundenen Mauerzüge auch künftig zu sehen sind. Außerdem wird eine unter dem Forumboden gefundene freskenverzierte Wand, vermutlich von der Kommandantur des Kastells, zu besichtigen sein.

St. Galluskirche und Altstadtdächer

Gehen wir auf die Kirchenstraße zurück, so gelangen wir auch schon bald auf den Platz vor der St.Galluskirche, der genau der Südostecke des ehemaligen Forums entspricht. Von den repräsentativen öffentlichen Gebäuden, die diesen Platz einst umgaben, sollte die imposante Basilika auf der Ostseite zweifellos das Prunkstück werden. Mit ihrem Bau wurde in der ersten Hälfte des 2. Jahrhunderts n. Chr. begonnen. Wenn sie – wie neuere Forschungen ergaben – möglicherweise auch nicht vollendet werden konnte, so wäre sie doch mit ihren Ausmaßen von 72 x 28 Metern nur durch die Basiliken in Rom und Trier übertroffen worden. Dies zeigt uns, welche Bedeutung die Römer dem antiken Lopodunum beimaßen und welches Ansehen dieses genoß. Heute erhebt sich nun auf den Grundmauern der Basilika die St. Galluskirche. Von welcher Seite man auch immer dieses Gotteshaus zu erreichen versucht, stets muß man erst über Treppen oder einen ansteigenden Weg den Trümmerhaufen der Basilika besteigen, auf dem sich heute die Kirche und der Kirchgarten befinden.

Beim Betreten der St. Galluskirche (geöffnet werktags von 9 bis 11 Uhr und von 14 bis 16 Uhr, sonntags von 15 bis 17 Uhr) umfängt uns ein weiter Raum, der in seiner schlichten Schönheit eine zu stiller Sammlung einladende Ruhe ausströmt. Dieses für eine gotische Kirche ungewohnte Raumgefühl wird dadurch bedingt, daß bei ihrer Erbauung die Basilikafundamente mit verwendet worden sind und diese daher die Ausmaße des heutigen Bauwerks bestimmen. Wenn man berücksichtigt, daß die

Altstadtdächerlandschaft vom evangelischen Kirchturm aus gesehen

Länge der Kirche der Breite der Basilika entspricht, so kann man noch heute die eindrucksvolle Größe dieses römischen Bauwerks erahnen. Zunächst war in den Trümmern der Basilika wohl schon im 8. Jahrhundert ein Marienheiligtum errichtet worden, um den Ruinen, die an die Heidenzeit erinnerten, einen christlichen Sinngehalt zu geben.

Zunächst widmen wir unsere Aufmerksamkeit dem Kirchgarten, den wir durch den rechten Seitenausgang erreichen. Gegenüber diesem sehen wir in einer als Fenster in die Vergangenheit offen gelassenen Ausgrabungsstelle einen Teil der mächtigen Basilikafundamente. Auf einer Informationstafel erkennen wir, daß die Basilika eine dreischiffige Anlage mit zwei Querschiffen und verschiedenen Nebenräumen war. Herzstück der ganzen Anlage war ein an das östliche Seitenschiff angebauter halbrunder Raum, die sogenannte Curia,in dem sich der Rat der Civitas und der Vertreter des römischen Kaisers versammelten. Auf dem Fundament dieser Curia ist später der Chor der Kirche errichtet worden. In der Grube sehen wir die Fundamente,die das Hauptschiff vom östlichen Seitenschiff trennen, mit mächtigen Sandsteinquadern als Basis für die Pfeiler, die das Gewölbe trugen, außerdem sind Grundmauern von Nebenräumen und einem Treppenhaus sichtbar. Auf dem die Ausgrabungen erläuternden Übersichtsplan sehen wir übrigens, daß die Basilika dreimal so groß wie die Galluskirche war. Wenden wir uns um, so haben wir einen guten Überblick über die Südfront der Kirche. Wir erkennen, daß das Hauptschiff einst durch

Krypta in der St. Galluskirche

Fachwerkidylle am „Café Schork"

Strebepfeiler abgestützt war und das Westjoch erst später (1864) angebaut worden ist. Am Stützpfeiler des Seitenschiffs, der an der Nahtstelle von neuem und altem Bauteil steht, sind Wetzrillen zu erkennen. Das Volk glaubte nämlich, daß vom Eckstein einer Kirche geriebener Sand hilfreich gegen allerlei Beschwerden sei.

Das alte aus dem letzten Viertel des 14. Jahrhunderts stammende Bogenfeld des Hauptportals ist jetzt über dem Seitenportal angebracht. Es zeigt links die Ölbergszene und rechts den die Muttergottes verehrenden hl. Gallus. Aus dem Anfang des 18. Jahrhunderts stammt das ehemalige Beinhaus gegenüber der Sakristei. An einem Eckpfeiler dieser Sakristei ist eine Inschrift erkennbar, die besagt, daß der Grundstein zu Sakristei und Südturm am 6. Juni 1412 durch Bischof Johannes von Fleckenstein gelegt worden ist, während ein Herr von Battenberg Pfarrer an der Kirche war. Bis dahin hatte also unsere Kirche nur den einen Nordturm mit einer Sakristei, die zugleich mit dem Chor im 13. Jahrhundert gebaut worden sind. Erst als die Wormser Bischöfe 1398 ihren Sitz nach Ladenburg verlegten,erfolgte der Bau einer weiteren Sakristei und eines repräsentativen zweiten Turmes. Da der Kirchgarten früher als Friedhof für den katholischen Adel und die alteingesessenen katholischen Bürger der Stadt diente, sind noch viele, z.T. kunstvolle Grabsteine zu sehen, die um die Kirche aufgestellt sind. Neben dem rechten Seiteneingang sehen wir z. B. das Grabmal der Familie Neunheller aus dem Jahr 1555, denen das große Fachwerkhaus am Marktplatz gehörte. An der

Ostseite des Nordturms sind drei Grabplatten eingelassen. Die rechte Grabplatte ist die des Sigelo Laicus vom 28.Oktober 1300. Die Grabplatte ist deshalb bemerkenswert, weil das dort zu sehende Wappen eines der ältesten bekannten bürgerlichen Wappen darstellt. An der Außenseite der Sickingenkapelle, die an das nördliche Seitenschiff angebaut ist, finden wir ein großes, aus weißem Sandstein gearbeitetes Relief vom Ende des 15. Jahrhunderts , das uns die Ölbergszene und die Kreuztragung zeigt. Diesem gegenüber gibt eine Grube wiederum den Blick frei auf Fundamente der Basilika, die durch eine Schautafel erläutert werden.

Das Innere der Kirche: Die bereits erwähnte frühmittelalterliche Kirche, die noch außerhalb der Stadtmauern in den Ruinen der Basilika errichtet worden ist, war wesentlich kleiner als die heutige Kirche. Nach der Stadterweiterung des 13. Jahrhunderts wurde sie den Bedürfnissen der stark angewachsenen Bevölkerung nicht mehr gerecht und durch die gotische Kirche ersetzt. Nach Fertigstellung des Chores um 1270 mußte der Bau eingestellt werden, weil in der Fehde zwischen Pfalzgraf Ludwig II. und Erzbischof Werner von Mainz auch Ladenburg in Mitleidenschaft gezogen wurde und in den folgenden Jahren noch oft Schauplatz kriegerischer Auseinandersetzungen war. Das Langhaus konnte daher erst nach 1350 vollendet werden. Am Triumphbogen, dem Übergang von Chor und Langhaus, zeigen uns stehengebliebene Rippenstümpfe, daß der Bau seiner Zeit jäh unterbrochen und später in etwas einfacherer Art weitergeführt worden ist. Links im Chor sehen wir neben einer schlichten vergitterten Sakramentsnische eine jetzt von außen zugemauerte spätgotische Tür zur früheren Nordsakristei. Daneben befindet sich das von Franz Konrad Linck in schwarzem und weißem Marmor geschaffene Grabmal der Baronin Maria Henrietta von Castell († 1766). Rechts im Chor finden wir die Grabmäler des kurpfälzischen Ministers und Kanzlers Georg Augustin Freiherr von May († 1729) und des Generalfeldzeugmeisters Johann Philipp Jakob Graf von Preysing († 1779). Das aus dem beginnenden 17. Jahr-

Hauptschiff der St. Galluskirche

hundert stammende Heilmannsche Kreuz links von der Kommunionbank stand ursprünglich als Straßenkreuz in Schriesheim. In den Wirren des Dreißigjährigen Krieges stark beschädigt und in Erfüllung eines Gelübdes instandgesetzt, wurde es von frommen Bürgern nach Ladenburg in Sicherheit gebracht. Die Chronik berichtet dann von vielen Wundern, die vor diesem Kreuz geschehen sein sollen. An das nördliche Seitenschiff angebaut ist die Grabkapelle derer von Sickingen mit dem Grabmal des Ritters Johannes III. von Sickingen († 1469) und seiner Frau Margaretha geb. von Dalberg († 1458), der Eltern des Wormser Bischofs Reinhard von Sickingen. Die Familie von Sickin-

Nachtansicht der St. Galluskirche

gen machte eine 1513 bestätigte Stiftung, wonach wöchentlich nach einer hl. Messe in dieser Kapelle Brot an die Armen und täglich um 11 Uhr abends eine Glocke als Zeichen für verirrte Wanderer geläutet werden sollte. Diese Stiftung wurde zum Dank für die wunderbare Errettung eines Fräulein von Sickingen gemacht, das sich nachts im Wald verirrt hatte. Noch heute erinnert das nächtliche 11-Uhr-Läuten an jene Begebenheit und an die soziale Gesinnung eines Ritters von Sickingen. Die einst reichhaltige mittelalterliche Ausstattung der Kirche ist leider durch die Religionswirren und die Bilderstürme verloren gegangen. Von der Barockausstattung stammen die Intarsienarbeiten von 1746 mit den Darstellungen der vier Evangelisten in der Sickingenkapelle.

Die figürlichen Darstellungen des hl. Gallus und des hl. Wendelin im Chor stammen ebenso wie der Kreuzaltar in der Sickingenkapelle aus dem Jahr 1717, als die Kirche barock ausgestaltet wurde, nachdem sie von den Reformierten wieder den Katholiken übergeben werden mußte. In den letzten Jahren ist das Gotteshaus auch mit einer Reihe von modernen Ausstattungsstücken bereichert worden. Vor allem die Kirchenfenster geben dem Raum mit ihren leuchtenden Farben eine festliche Weihe. Im Jahr 1967 von Valentin Feuerstein aus Neckarsteinach geschaffen, zeigen sie im Chor Szenen aus dem Leben Jesu und im rechten Seitenschiff Darstellungen aus dem Alten Testament, während die zwei Fenster im linken Seitenschiff den beiden Kirchenpatronen Maria und Gallus gewidmet sind. Die zwei rückwärtigen Fenster stellen Begebenheiten aus der Geschichte Ladenburgs dar. Der Tabernakel,die Altarleuchter mit dem Altarkreuz und das Taufbecken stammen von Edwin Neyer aus Heidelberg. Die beiden Bronzefiguren auf den Seitenaltären hat Otto Sonnleitner aus Würzburg geschaffen; sie zeigen Maria als Mutter und Joseph als Zimmermann auf dem Baugerüst. Der Ambo mit den vier Evangelisten und die Bronzereliefs am Hauptaltar (Christus mit Abraham und Melchisedek flankiert von Engeln) stammen von Michael Huber aus Oberkirch. Die genannte moderne Ausstattung besitzt einen hohen künstlerischen Wert und zeigt, wie harmonisch sich gute moderne Kunst auch in ein altes Bauwerk einfügen läßt.

Der älteste Teil der Kirche ist die Krypta, die leider nur bei Führungen zu besichtigen ist. Sie ist als letzter Bauteil der Vorgängerkirche in die Curia der römischen Basilika hineingebaut und wohl im Jahr 1006 eingeweiht worden. Nach Fertigstellung des gotischen Kirchenneubaus (1460) ist sie reich mit Fresken ausgestattet worden. So sind Christus als Weltenrichter, Petrus, Paulus, Franziskus, Dorothea, Ottilie, Nikolaus, Leonhard und eine Kreuzigungsszene sowie die vier Evangelisten zu sehen. Es handelt sich bei unserer Krypta um eine Andachtskrypta mit einst zwei Zugängen; über den einen Zugang konnten die Gläubigen in einer Prozession den Raum erreichen, um dann über den anderen Zugang wieder in das Kirchenschiff zu gelangen. Da sich in der Curia einst der Rat der Civitas um den Vertreter des als Gott verehrten Kaisers versammelte, wurde damit auch erlebbar gemacht, daß die Heidenzeit überwunden und Christus an die Stelle des Gottkaisers getreten ist.

So ist diese Krypta mit dem auf den Fundamenten der Curia errichteten Chor der Kirche ein Stein gewordenes Zeugnis der Synthese von heidnisch-römischer und christlich-abendländischer Kultur.

In unmittelbarer Nachbarschaft zur Galluskirche steht die evangelische Kirche in einem schönen, parkartigen Garten. Es war dies früher der Mönchhof, der bereits 1291 als Besitz des Klosters Schönau bei Heidelberg erwähnt wird. Die Reformierten hatten von 1560 bis 1692 mit kurzen Unterbrechungen die Galluskirche benutzen können. Nachdem ihnen dieses Recht abgesprochen worden war, wurde ihnen im Jahr 1708 als Ersatz der Mönchhof zugewiesen, auf dem 1715 ein Gotteshaus errichtet wurde. Anstelle dieser zu klein und baufällig gewordenen Kirche wurde dann 1876 bis 1878 die heutige evangelische Kirche erbaut.

Gehen wir die Kirchenstraße weiter, so erkennen wir im Straßenbelag den durch Pflastersteine markierten Verlauf der Basilikamauern, die durch eine Schautafel an der Kirchenmauer erläutert werden.

Haus „Zur Sackpfeife" in der Kirchenstraße

Dort zieht auch ein einzigartiges Fachwerkhaus aus dem Jahre 1598 unsere Aufmerksamkeit auf sich (12). Es erinnert sehr stark an die schmucken Fachwerkhäuser im Oberelsaß und ist sicher von einem Baumeister aus jenem Raum geschaffen worden. Mit seinen Holzgalerien, den interessanten Deckenmalereien und dem sehenswerten Innenhof gibt es heute den Rahmen für eine altdeutsche Weinstube, die nach einer früher ebenfalls in der Kirchenstraße gelegenen Gaststätte „Zur Sackpfeife" genannt wird.

Blick über die Altstadt von der evangelischen Stadtkirche

Der Marktplatz – Mittelpunkt bürgerschaftlichen Lebens (13)

Marktplatz – Ostansicht

Der geräumige Marktplatz ist bei der großen mittelalterlichen Stadterweiterung im 13. Jahrhundert angelegt worden. Er wird heute beherrscht durch den Marienbrunnen, der im Jahr 1976 dank eines Vermächtnisses der Mitbürgerin Anna Hauber von Stadt und Heimatbund errichtet werden konnte. Dabei wurde eine von Hans Volker Dursy geschaffene Kopie der Mariensäule von 1700 verwendet, die bis in die zweite Hälfte des vergangenen Jahrhunderts auf dem Marktplatz stand.

Wie sehr sich im Mittelalter das Leben in festgeordneten Rahmen abspielte, läßt sich leicht an diesem Marktplatz erkennen. So waren in den Häusern auf der Südseite alle Heilberufe untergebracht. Die jetzige Bäckerei Diemer war einst die Hirschapotheke, das Fachwerkhaus daneben war das Haus des Chirurgen und Wundarztes, die heutige Apotheke war die Löwenapotheke, und das Frisörgeschäft nebenan in der Ecke war das Haus des Baders und Wundschröpfers, während das heutige Café Schork das Haus der Hebamme war. Auch einzelne Platzteile hatten ihre bestimmte Funktion. Der Platz im Nordwesten (bei Schreibwaren Guckenmus) war der Fleischmarkt, während der

Platz im Südosten (vor dem Cafe Schork) der Fischmarkt war. Bis vor wenigen Jahren floß der Bach von Schriesheim kommend durch die Hauptstraße und unter dem Marktplatz in das Färber- und Gerberviertel. Beim heutigen Fotohaus Thomé war er über eine Treppe zu erreichen; dort konnten die im Neckar gefangenen Fische in Weidenkörben frisch gehalten werden.

Marktplatzbrunnen und Altstadtfestbesucher

Dieser Fischmarkt wird beherrscht vom hochragenden Fachwerkgiebel des Neunhellerhauses. In seinem unteren Teil stammt es, wie auch die starken Mauern zeigen, als Teil einer Wohnburg noch aus der Zeit vor der Anlage des Marktplatzes. Der übrige Teil des Erdgeschosses wurde im 14. Jahrhundert errichtet, während der Fachwerkaufbau aus dem Jahr 1541 stammt. Der Verputz war am unteren Teil des Hauses mit Freskenornamenten geschmückt, von denen noch Teile zu sehen sind. Unter diesen und dem gotischen Fenster ist eine steinerne Kanonenkugel als Abwehrzauber eingelassen. Der Hof wurde einst durch zwei Gebäudeflügel gebildet, von denen noch einer erhalten ist.

Fachwerkhaus am Marktplatz

In diesen waren die Gesindewohnungen und die Wagenremise untergebracht. Die Familie Neunheller war eine angesehene, wohlhabende Familie, die auch verschiedene hohe öffentliche Ämter bekleidete. Am Haus Feuerleitergasse gleich nebenan ist das Steinporträt eines Mannes mit Halskrause,

Innenhof „Zur Sackpfeife"

Handschuh und Geldbeutel zu sehen, das wohl einen Neunheller darstellt. Ein Angehöriger der Familie, Jost Neunheller, studierte Theologie und schloß sich in Wittenberg der Lehre Luthers an, von dem er als Tischgenosse bezeichnet wurde. Er hat sich um die Reformation in Oberschwaben verdient gemacht und starb als Pfarrer von Entringen bei Tübingen im Jahr 1572; dort ist er auch in der Kirche bestattet worden.

Die Häuser um den Marktplatz sind noch mit weiteren später berühmt gewordenen Persönlichkeiten verbunden. So stammt aus dem Chirurgenhaus Johann Christoph Sauer (geb.1695), der nach Pennsylvanien auswanderte, dort eine noch heute bestehende Religionsgemeinschaft gründete und 1743 die erste Bibel der Neuen Welt in deutscher Sprache herausgab. Aus dem heutigen Fotohaus Thomé stammt Professor Heinrich Siegel (1830–1899), der spätere Rektor der Universität Wien und Wiederentdecker germanischen Rechts. Aus dem Haus gegenüber (Hauptstraße 51) stammt die bekannte Bankiersfamilie Ladenburg.

Am anderen Ende des Marktplatzes sehen wir das Haus der Volkshochschule („Altes Rathaus") mit dem arkadengeschmückten Erdgeschoß. Es ist aus der Zeit um 1730 und zeigt in einer Nische gegen den Marktplatz die Kopie der sogenannten Rathausmadonna, einem qualitätvollen Kunstwerk aus der Zeit kurz nach 1500.

Neunhellerhaus mit Marktplatzbrunnenmadonna

Gasthaus „Zum güldenen Stern"

B Ein Abstecher ins Schriesheimer Viertel

Fachwerkansichten in der Hauptstraße im Schriesheimer Viertel

Wenn die Zeit nicht drängt, gehen wir jetzt auf der Hauptstraße nach Osten in das sogenannte Schriesheimer Viertel. Dort fesselt bald eine Gruppe schöner Fachwerkhäuser unsere Aufmerksamkeit. Vor allem des Haus Hauptstraße 53 zeigt reizvoll geschnitztes Fachwerk von 1692.

Am Haus gegenüber erinnert eine Bronzetafel daran, daß dort im zurückliegenden Teil von 1832 bis zur Zerstörung am 9. November 1938 die Synagoge, ein jüdisches Ritualbad und eine Judenschule untergebracht waren.

Das Straßenbild wird bald beherrscht vom hochragenden Treppengiebel des Hirschberger Hofs, der in seinem Kern noch Reste einer romanischen Wohnburg birgt.

Gegenüber verlassen wir die Hauptstraße nach rechts und kommen in das Areal des ehemaligen Sickinger Hofs. Am Gebäude Nadlerstraße 4 sind Gewände eines gotischen Fensters und der Konsolstein eines Kapellenerkers mit einer eigenartigen Tiergestalt aus der Mitte des 13. Jahrhunderts sowie Keramikplatten vom Bodenbelag des Rittersaales in den modernen Bau eingefügt. Von der den Hof einst umgebenden Mauer sind noch die große Einfahrt und die kleinere Pforte erhalten, die wir nach links gehend durchschreiten, um über die

Wirtshausschild „Zur Backmulde", an alte Bäckerei erinnernd

Klappergasse wieder die Hauptstraße zu erreichen.

Im Haus Hauptstraße 66 aus dem Jahr 1596 war die städtische Badestube untergebracht. Davor sieht man noch die ehemalige Pferdetränke. Haus und Tränke lagen unmittelbar hinter dem Schriesheimer Tor; die Stadtmauer ist noch in der dort abzweigenden Torgasse erhalten. Unmittelbar vor der Stadt steht wenige Schritte nach rechts eine kunstvolle Kreuzigungsgruppe aus der Zeit um 1700.

Neckarfähre im Morgennebel

Von Adelsherren und Bürgerfleiß (14 – 18)

Fachwerkfragment am Marktplatz

Den Marktplatz verlassen wir beim Haus der Volkshochschule, hinter dem unmittelbar das ehemalige Spitalgebäude liegt. 1689 von Melacschen Truppen als eines der wenigen Gebäude der Stadt zerstört, ist es 1739 wieder errichtet worden. Die Bürgerhospitalstiftung geht in ihren Anfängen in die Zeit um 1300 zurück und stand unter dem Patronat des hl. Einsiedlers Antonius, der als Stadtpatron hoch verehrt wurde. An der ehemaligen Antoniuskapelle, die an das Spital angebaut ist, steht in einer Nische die Kopie der von Hofbildhauer Paul Egell geschaffenen Figur des Heiligen.

Gegenüber gelangt man zum Jesuitenhof, der im 14. Jahrhundert den Herren von Erligheim gehörte. Im 16. Jahrhundert war er im Besitz der Herren von Bettendorf. Später ist er dem Damenstift in Pforzheim geschenkt und 1743 dem Jesuitenkloster in Mannheim verkauft worden. Im mittelalterlichen Ladenburg als Bischofsresidenz gab es zahlreiche Adelshöfe. Diese lagen regelmäßig an der Innenseite der Stadtmauer. Der Adelige mußte mit seinem Gesinde den an sein Anwesen grenzenden Teil der Mauer in Friedenszeiten unterhalten und bei Fehden verteidigen. Zudem waren die Höfe selbst mit einer Mauer umgeben und zur Verteidigung eingerichtet. Gerade am Jesuitenhof erkennt man noch gut die Anlage eines solchen Adelshofs. Man sieht die Umfassungs-

Hexenturm und Martinstor in der Abenddämmerung

mauer mit der Einfahrt und einer Pforte, zwischen beiden die verwitterte Wappentafel und am Herrenhaus die Schießscharten. Bevor wir in das Färber- und Gerberviertel gehen, beachten wir beim Hotel zum Alten Kloster über dem Rundbogen ein steinernes Marienbildnis von 1398, das die Erinnerung an ein Beginenhaus wachhält, das dort einst stand. Von dort aus hat man auch einen schönen Blick auf den Handschuhsheimer Hof (15) von 1475 mit seiner interessanten Fassadenmalerei. Er ist 1561 bis 1569 umgebaut worden und zeigt die Wappen derer von Handschuhsheim, Hirschhorn und Fleckenstein. In unmittelbarer Nähe, in der Rheingaustraße, ist übrigens das Kleine Museum, eine private historische Fahrzeugsammlung, zu finden, die samstags von 14 bis 17 Uhr und sonntags von 14 bis 18 Uhr besichtigt werden kann. In der Färbergasse (16) floß bis vor wenigen Jahren der offene Bachlauf, der mit Sandsteinquadern gefaßt war, die wohl von den Ruinen der Basilika stammen und jetzt z. T. als Bodenbelag des Gehsteigs dienen. In dieser Gasse übten die Färber und Gerber ihr Handwerk aus. Das Haus Färbergasse 8 ist das Geburtshaus des späteren Reichsgrafen von Seilern (1646 bis 1715). Als Sohn eines Färbers brachte er es zum Kanzler des heiligen römischen Reichs deutscher Nation und hat sich vor allem als Verfasser der Pragmatischen Sanktion, die

Eingangsdetail am Kleinen Automuseum in der Rheingaustraße

die Erbfolge Maria Theresias ermöglichte, einen Namen gemacht.

An der Gerberstiege, die gegenüber zur Cronberger Gasse führt, ist deutlich der Höhenunterschied zwischen dem Terrain der frühmittelalterlichen Stadt und dem der Stadterweiterung im 13. Jahrhundert zu erkennen. Dort findet man auch das Mechanische Musik-Museum, die sehenswerte Sammlung eines Liebhabers von mechanischen Musikinstrumenten, die samstags und sonntags von 14 bis 18 Uhr besichtigt werden kann.

Am Ende der Färbergasse biegen wir in die Wormser Straße (18), die zum Martinstor führt. Das Haus Wormser Straße 19 dürfte wohl eines der ältesten Häuser Ladenburgs sein, denn es stammt in seinem Kern aus dem 12. Jahrhundert und zeigt noch die jetzt vermauerten romanischen Rundbogenfenster. Das Anwesen Wormser Straße 10 ist eine schöne barocke Hofanlage aus dem Jahr 1730. Es gehörte dem Ladenburger Scharfrichter Ostertag, dessen Familienwappen mit dem Osterlamm über den Türen zu sehen ist. Am Hausgiebel ist ein schönes Relief von Egell mit der Kreuzigung zu sehen.

Nun stehen wir auch schon vor der Rückseite des Martinstores (19). Wir erkennen, daß dieses Tor auf der Stadtseite einst offen war, damit ein etwa eingedrungener Feind sich dort nicht verschanzen konnte; die Öffnung im spitzbogigen Feld ist später zugemauert worden. Wir erkennen weiter die Ansätze des Wehrgangs und die Türöffnung, die einst zu diesem führte.

C Der Friedhof

Familiengrab Benz

Nicht weit vor diesem Tor liegt außerhalb der Stadt der Friedhof auf einer leichten Bodenerhebung, die von einem ehemaligen Neckararm gebildet worden ist. Eine Römerstraße führte einst in der Nähe vorbei, und schon in römischer Zeit hat die damals noch hier lebende swebische Bevölkerung ihre Toten an dieser Straße bestattet. Seit dieser Zeit ist diese kleine Bodenerhebung die letzte Ruhestätte der Ladenburger geblieben. Zur Zeit der Franken erhielt dieser Friedhof den Namen des hl. Martin, dem dort auch eine kleine Kirche geweiht war, die durch Mansfeld im Dreißigjährigen Krieg zerstört worden ist. Beim Bau der 1958 vollendeten Leichenhalle legte man 29 Gräber aus der Merowingerzeit (um 600) frei, die z.T. kostbare Beigaben enthielten.

Das große Kreuz am Hauptweg stand ursprünglich vor dem Neckartor. Es stammt von Egell und ist 1742 errichtet und erst 1845 an seinen jetzigen Platz im Friedhof versetzt worden.

Links davon befindet sich im Kriegsgräberfeld auch das Grab der 1849 bei Ladenburg gefallenen Mecklenburger Soldaten. In einem Ehrengrab gegen die Mauer westlich hiervon ist die letzte Ruhestätte des Autoerfinders Dr. Carl Benz († 1929) und seiner Frau Berta Benz († 1944) zu finden.

Hinter diesem Grab trifft man im übernächsten Gräberfeld in einer kleinen

Jüdischer Friedhof als Teil des Ladenburger Friedhofes

Rasenfläche auf das Grab von Pfarrer Christoph Schmezer († 1882). Er war mit Joseph Victor von Scheffel eng befreundet und wurde von diesem als „der flotteste Pfarrherr des Jahrhunderts" bezeichnet. Zuvor war er Pfarrer von Ziegelhausen, wo ihm Scheffel im „Pfarrer von Aßmannshausen" ein literarisches Denkmal setzte.

Hinter der Leichenhalle schließlich liegt der jüdische Friedhof, der vom Mai 1848 bis 1938 benutzt wurde; zuvor mußten die jüdischen Mitbürger in Hemsbach bestattet werden.

Die wehrhafte Stadt (19 – 20)

Martinstor bei Nacht

Martinstor und Hexenturm sind die einzigen heute noch erhaltenen hochragenden Zeugen der Stadtbefestigung aus der Mitte des 13. Jahrhunderts, die mit ihren sieben Türmen und Toren sicher einen trutzigen Anblick bot. Hoch oben am Tor zeigt das kunstgeschichtlich interessante Standbild des hl. Martin, wie er seinen Mantel mit einem Bettler teilt. Dieser Heilige genoß als Schutzpatron der Franken gerade auch in unserer Gegend große Verehrung. Vor dem Tor war der wassergefüllte Stadtgraben, über den eine Zugbrücke führte. An der Seite des Tores sind wie am benachbarten Hexenturm die Aborterker zu sehen. Es zeigt außerdem noch deutlich die Spuren der Belagerung vom 26. bis 28. April 1622, als der Troß Tillys die Stadt gegen die Truppen Mansfelds verteidigte, dem es schließlich gelang, zwischen Martinstor und Hexenturm eine Bresche zu schlagen und die Stadt zu verwüsten.

Der Hexenturm wurde als Diebsturm genutzt. Er enthält in seinem Innern ein ca. 4 Meter tiefes eingewölbtes Verlies, in welchem Diebe und anderes lichtscheues Gesindel kurzerhand „eingelocht" werden konnten. Insofern ist die Bezeichnung Hexenturm irreführend, denn in Ladenburg gab es, wie in der ganzen Kurpfalz, keine Hexenverfolgungen. Als Nordwestpunkt der Stadtbefestigung besaß er aber strategische Bedeutung, denn von ihm aus bestand Sichtverbindung zu Neckartorturm und Schriesheimer Tor.

Die Stadtmauer ist von hier bis zum Bischofshof noch in wesentlichen Teilen erhalten. Als zusätzlicher Schutz der Stadt diente hier ein mehrfach gegliedertes Grabensystem, das jetzt aufgefüllt ist und für eine Grünanlage genutzt wird. Diese gehen wir entlang und sehen dabei, daß die Mauer teilweise geschickt in neuere Bauten einbezogen wurde. Beim heutigen Gasthaus zur Cronberger Mühle springt die Mauer vor. Dort war – etwa in der Mitte des westlichen Teils der Stadtmauer – eine Geschützbastion, und dahinter lag der Cronberger Hof mit einer Mühle. Von hier aus hat man einen guten Überblick über den westlichen Teil der Stadtbefestigung, und es gibt kaum jemand, der sich dem Reiz eines solchen Anblicks entziehen könnte. Und dennoch sollte man auch daran denken, daß es sich um militärische Anlagen handelt, in deren Umfeld sich

Neues Rathaus mit Stadtmauer

in zahllosen Kriegen und Fehden oft grausame Szenen abspielten. Wenige Schritte weiter sehen wir, daß die Stadtmauer noch durch eine vor sie gesetzte Zwingermauer verstärkt wurde. Auf dem aufgefüllten Zwinger ist ein Fußweg angelegt, auf dem man bequem zum neuen Rathaus und zum nahe gelegenen Ausgangspunkt unserer Altstadtwanderung gelangen kann.

Verträumte Gassen, beschauliche Plätze (21 – 27)

Geschäftsschild bei der Buchhandlung am neuen Rathaus

Zunächst wollen wir noch kurz einen Bummel durch einige Gassen machen, um auch dabei Interessantes zu entdecken.

Wir gehen zunächst die die Grünanlage durchschneidende Straße hoch und biegen nach dem ersten Haus nach rechts in die Mühlgasse. Das Haus Nr. 7 mit der großen Einfahrt gehörte einst zum Kettenheimer Hof, in dem die lutherische Gemeinde von 1697 bis 1821 ihr Zentrum hatte.

Gegenüber biegen wir nach links in die Nagelschmiedgasse. Sie hat ihren Namen von der ehemaligen Nagelschmiede im Haus Nr. 2, das 1580 über den Resten eines römischen Bades errichtet worden ist. Beim Weitergehen freuen wir uns über das schöne Fachwerkhaus Nr. 5 aus dem 18. Jahrhundert, mit dem reizvollen Bildstock.

Wer aufmerksam durch die Altstadt geht, wird sich über die oft zu sehenden Scheunen wundern, die nur notdürftig mit Brettern verkleidet erscheinen oder Wände haben, bei denen die Ziegelsteine versetzt aufgemauert sind. Von beiden Typen finden wir in dieser Gasse je ein Beispiel: die Scheune links und das Gebäude vor uns am

„Lesende" vor der Stadtbibliothek

Straßenende, bei dem jetzt allerdings Wohnungen hinter der Scheunenfassade eingebaut sind. Es handelt sich dabei um Tabakscheunen, in denen die Tabakblätter zum Trocknen aufgehängt wurden. Sie künden noch heute vom früheren Reichtum der Ladenburger Bauern, denn die Stadt war einst das Zentrum des Tabakanbaus in der Kurpfalz.

Am Ende dieser Gasse biegen wir nach rechts und stoßen auf die Hauptstraße. Bei dem Haus links mit der Markthalle handelt es sich um ein Fachwerkhaus aus der Zeit um 1580, das, wie sich noch leicht erkennen läßt, über der heutigen Markthalle eine offene Galerie hatte, die später zugemauert wurde. Das Gasthaus zum Löwen nebenan erhielt 1704 sein heutiges Aussehen. Gegenüber mündet die Neugasse. Dort sehen wir vor der Drogerie wieder die Lage eines Kastelltores im Pflaster markiert und an der Hauswand auf einer Tafel erläutert.

Doch nun wenden wir unser Interesse dem Domhofplatz (23) zu. Er war einst der Marktplatz der karolingischen Stadt. Das Haus gleich rechts an der Ecke wird in alten Urkunden als das Haus zum steinernen Stock bezeichnet. Damit kommt zum Ausdruck, daß es wohl eines der wenigen Steinbauten im früheren Ladenburg war. An der Kreuzung der bedeutenden Fernhandelsstraße Burgund – Frankfurt mit der Ost-Westachse der Stadt gelegen, gehörte es offenbar einem wohlhabenden Handelsherrn. Diese Fernstraße ist im 13. Jahrhundert bei der Anlage des heutigen Marktplatzes verbaut worden, um den Verkehr am neuen Markt vorbeizuleiten; erst um 1500 ist

Stadtmauer in der Abenddämmerung nahe des neuen Rathauses

sie wieder geöffnet und dann Neugasse genannt worden. An der Wand des Hauses gegen die Hauptstraße sind einige beim Umbau gefundene Werkstücke eingelassen worden. Wir sehen dort eine Wappentafel aus dem 16. Jahrhundert mit einem Ziegenbock als Leitwappen, ein Bogenmittelstück von 1737 sowie weitere verzierte Bruchstücke aus der Renaissancezeit.

Schmuckstück des Domhofplatzes ist zweifellos der von Ulrich Nuss geschaffene Brunnen mit der dazu gehörigen Figurengruppe. Diese erinnert an die ersten Siedler im unteren Neckarland, an die Stadtwerdung zur Zeit der Römer und an den jahrhundertelangen Streit zwischen den Kurfürsten von der Pfalz und den Bischöfen von Worms um den Besitz der Stadt.

Beim Bau des Domhofes und der Neugestaltung des Domhofplatzes hat man auch die dort vermuteten Fundamente des Kastells und den davor liegenden Spitzgraben gefunden. So konnte man die Mauer mit einem bei einem Kastell selten zu findenden Zwischenturm wieder aufmauern und vom Graben ein Lackprofil anfertigen, das künftig im Lobdengaumuseum zu sehen sein wird.

Rathaus von Nordwesten aus gesehen

Das Gelände, auf dem heute der Domhof steht, ist alter Adelsbesitz. Die Ritter, denen dieser gehörte, traten im 12. Jahrhundert in die Dienste des Reiches, gründeten etwa 1160 die Lobdeburg bei Lobeda (heute ein Vorort von Jena) und legten 1230 die Stadt Jena planmäßig an. Ihren Ladenburger Besitz schenkten sie den Bischöfen von Worms, die hierauf den Domhof errichteten, um von hier aus ihren weltlichen Besitz zu verwalten. Im heutigen Domhofgebäude, das anstelle eines abgebrannten Vorgängerbaus in den letzten Jahren errichtet worden ist, sind außer Ladengeschäften im Erdgeschoß vor allem ein größerer Saal mit Foyer vorhanden, in dem der Gemeinderat der Stadt tagt, aber regelmäßig auch kulturelle Veranstaltungen und Ausstellungen stattfinden.

Gehen wir nun auf der Hauptstraße weiter, so kommen wir links zur Einmündung der Kirchenstraße, die von der hohen Umfassungsmauer des bischöflichen Bezirks aus dem 13. Jahrhundert begrenzt wird.

An der Hauptstraße liegt hier der sogenannte Fürstenbau (24), das Gästehaus der Bischöfe, das 1777 nach Plänen von Rabaliatti anstelle des alten Gästehauses aus dem 16. Jahrhundert errichtet worden ist. Ein von diesem stammendes Türgewände von 1578 ist auf der Westseite des Gebäudes noch zu sehen; es zeigt das delphinengeschmückte Wappen des Bischofs Dietrich von Bettendorf. Im Gebäude ist jetzt die Stadtbibliothek untergebracht. Die Plastik vor dem Eingang, die „Lesende", stammt wie die Figurengruppe auf dem Domhofplatz von Ulrich Nuss.

Altstadtidylle

Daneben stehen am Aufgang zum Bischofshof drei Pfeiler, die einst an der Straße zum Forum standen.

Im Pflaster sind die Fundamente des Neckartores markiert. Der dazugehörige Turm stand unmittelbar hinter dem heutigen Optikergeschäft und war vom Bischofshof aus über den Wehrgang zu erreichen; der jetzt vermauerte Zugang auf den Wehrgang ist am Bischofshof zu sehen. Außerdem sieht man im Pflaster die Südostecke des spätrömischen Burgus gekennzeichnet. Die noch erhaltenen freigelegten Teile sieht man, wenn man am Ende der Straße nach rechts in die Grünanlage geht.

Dort stehen wir vor der Westfassade des im Jahr 1982 fertiggestellten neuen Rathauses (25 + 27). Auf dem Stich von Merian sieht man,daß dort die Mauer von einem hohen Gebäude überragt wird. Es war dies die Engelsburg, die nach einer im Haus befindlichen Kapelle zu Ehren des hl. Michael so genannt wurde. Im Jahr 1693 wurde sie zerstört. Zuletzt war dort ein landwirtschaftliches Anwesen, das von der Stadt erworben und als Bauplatz für das neue Rathaus genutzt wurde. Überraschend stieß man bei den Bauarbeiten auf die Mauerreste eines spätrömischen Burgus, der dort am ehemaligen Hochufer des Neckars unter Kaiser Valentinian zusammen mit einer Schiffslände im Jahr 368 angelegt worden ist (27). Das Mauerwerk rechts neben der Tiefgarage ist mit einer Höhe von 6 Metern das am höchsten erhaltene römische Mauerwerk in Südwestdeutschland. Auf einer Tafel neben der Einfahrt werden die Befunde näher erläutert.

Jugendstilhaus in der Hauptstraße

Gehen wir die Treppe neben der Garageneinfahrt hoch, so kommen wir auf den aufgefüllten Zwinger der mittelalterlichen Stadtbefestigung (26). Von dort haben wir einen schönen Rundblick über die Grünanlage vom Hexenturm ganz rechts bis zum Wasserturm halblinks von uns. Neben letzterem steht das Benzhaus mit dem Treppengiebel. Zu diesem wollen wir nun gehen.

Von grauer Vorzeit und einem Pionier der Neuzeit (28 – 29)

Wohnhaus von Familie Dr. Carl Benz

Damit sind wir schon wieder am Ausgangspunkt unseres Rundgangs angekommen. Es lohnt sich aber, noch ganz kurz ein paar Schritte zum nahe gelegenen Neckar und durch den Benzpark zu machen. Den Neckar erreichen wir über den Fußweg auf dem Damm neben dem Wasserturm. Wohl niemand vermutet, daß dieser heute so gemächlich dahinfließende Fluß von den Kelten einst „nekros" = der Wilde genannt wurde. In der Tat hat er im Laufe der Jahrtausende oft seinen Weg geändert und sich zwischen dem heutigen Altrip und Trebur weit im Norden bei Groß-Gerau eine Mündung in den Rhein gesucht. In der Ladenburger Gemarkung läßt sich an den Geländeformen und an der Bodenbeschaffenheit, oft weitab vom heutigen Flußlauf, noch mancher ehemalige Neckararm feststellen. Bei Ladenburg gemachte Funde beweisen uns, daß vor 5000 Jahren die ersten Bauern auf einem solchen Neckarschwemmkegel siedelten. Die Kelten nannten dann diesen von sumpfigen Altwassern geschützten Ort Lokwodunon = Sumpfburg. Aus dieser Bezeichnung hat sich im Laufe der Zeit der heutige Name der Stadt entwickelt (Lopodunum-Lobdenburg-Laudenburg-Ladenburg). Heute ist der

Nachbildung des ersten Automobils im Benzhaus

Neckar, durch moderne Ingenieurskunst gebändigt, zu einer bedeutenden Schifffahrtsstraße geworden. Vielleicht ist es bei dieser Gelegenheit auch ganz interessant daran zu erinnern, daß der Neckar wie der Rhein und der Main zu den ganz wenigen deutschen Flüssen zählt, die in unserer Sprache eine männliche Bezeichnung tragen.

Vom Neckardamm aus schweift der Blick über die weite Wasserfläche des seit 1927 gestauten Neckars bis zu den Bergen des südlichen Odenwaldes. Zwischen dem Königstuhl – dem Sitz der weltlichen Macht – und dem Heiligenberg – dem Sitz der Götter – erreicht der Fluß bei Heidelberg die Rheinebene. Gegenüber von uns liegt Neckarhausen, das 773 zum ersten Mal urkundlich erwähnt wird. Über den Baumgipfeln des Graf von Oberndorffschen Parks grüßt uns der Zwiebelturm der im Jahr 1781 erbauten Andreaskirche. Flußabwärts überquert die im Jahr 1848 fertiggestellte Sandsteinbrücke der Bahn den Neckar. Sie war im Juni 1849 heftig umkämpft, als badische Freischaren dort in erbittertem Kampf mit preußisch-mecklenburgischen Truppen standen. Am Bahnhofsgebäude sind auf der Neckarseite oben die eingemauerten Kanonenkugeln zu sehen, die von jenem Gefecht stammen.

Nun besuchen wir noch den vom Neckardamm aus frei zugänglichen Park, den der Autoerfinder Dr. Carl Benz hinter seinem Wohnhaus anlegen ließ.

In diesem Park finden wir ein Gebäude in Form einer Burgruine, das Benz errichten ließ, um dort die ersten von ihm gebauten Automobile unterstellen zu können. Diese

Wasserturm vom Bischofshof aus gesehen

„älteste Autogarage der Welt" dient jetzt dem Motorsportclub als Clubheim.

Das Anwesen mit dem Wohnhaus ist von dem Ehepaar Benz im Juni 1905 erworben worden. Das Haus wurde von Benz verschiedentlich umgebaut und erweitert und von ihm bis zu seinem Tod am 4. April 1929 bewohnt. Seine Frau Berta starb hier hochbetagt und geehrt im Jahr 1944. Nachfahren von Benz haben das Haus noch bis in die sechziger Jahre bewohnt, bis es dann in das Eigentum der Stadt überging und schließlich 1985 von der Daimler-Benz AG gekauft wurde. Diese hat im Gartengeschoß und im Erdgeschoß eine Erinnerungsstätte an Benz eingerichtet, die an Sonntagen nachmittags besichtigt werden kann, Im übrigen ist dieses Haus Sitz der Gottlieb Daimler- und Karl Benz-Stiftung, die der Förderung von Wissenschaft und Forschung zur Klärung der Wechselbeziehungen zwischen Mensch, Umwelt und Technik dient. So wird mit diesem Haus und dem dazugehörigen Park in Ladenburg die Erinnerung an einen der großen Pioniere der Neuzeit und Ladenburger Ehrenbürger wachgehalten.

Industrielandschaft

Müde vom langen Gehen auf Ladenburgs Pflaster und vom Schauen all der vielen Erinnerungen an die große Tradition dieser Stadt haben wir nun den Ausgangspunkt unserer Rundwanderung erreicht.

Bevor Sie aber den Heimweg antreten, sollten Sie noch eine der heimeligen Gaststätten besuchen, um sich zu überzeugen, daß gutes Essen und Trinken sowie eine gepflegte Gastlichkeit ebenfalls eine lange Tradition in dieser Stadt haben. Bereits 638, und damit zum ersten Mal in Baden, wird der Weinbau in Ladenburg urkundlich erwähnt, und noch bis zum Dreißigjährigen Krieg waren Weingärten rund um unsere Stadt zu finden. Bis in das vergangene Jahrhundert gab es überraschend viele Wirtshäuser und Schenken in Ladenburg, in denen Fuhrleute, welche auf der Fernverkehrsstraße von Oberschwaben und Burgund nach Frankfurt unsere Stadt passierten oder die Güter vom Odenwald zum Neckar brachten, ihren Durst löschen konnten. Viele davon sind zwar verschwunden, aber neue gemütliche Gaststätten sind dazu gekommen und laden den Fremden zu behaglicher Einkehr und Rast.

Blick über die Altstadt mit Industriegebiet

Stadtgeschichte

ca. 3000 v. Chr.	Besiedelung Ladenburgs durch jungsteinzeitliche Bauern
ca. 450 v. Chr.	Kelten befestigen die auf einem Neckarschwemmkegel gelegene Siedlung und nennen sie Lokwodunon = Sumpfburg, Seeburg
1. Jahrhundert n. Chr.	74 n. Chr.: Römer setzen über den Rhein und sichern den unteren Neckar bei Lopodunum durch Kastelle: es ist die Zeit Kaiser Vespasians; 98 n. Chr.: unter Kaiser Trajan wird das Kastell verlegt und Ladenburg wird zum Hauptort der Civitas Ulpia Sueborum Nicrensium: Zeitpunkt wird als Stadtgründung definiert
2. und 3. Jahrhundert n. Chr.	um 200 n.Chr.: Lopodunum ist vicus mit Stadtmauer, Forum, Basilika, Thermen, vielen Tempeln, Mansio, Kulttheater und repräsentativen Plätzen; 260 n.Chr.: Niedergang der römischen Zeit beginnt: Alamannen vertreiben Römer aus Ladenburg erstmals
4. Jahrhundert n. Chr.	368 n. Chr.: römischer Kaiser Valentinian I erobert Lopodunum kurzfristig zurück und baut zur Sicherung einen Burgus am Neckar, entsprechend einem Vorgehen wie er es auch zur Befestigung des Rheines nahe Altrip praktizierte; nach kurzem römischem Intermezzo kehren Alamannen zurück, sie hausen in den römischen Bauwerken
6. Jahrhundert n. Chr.	um 500 n. Chr.: Franken übernehmen Herrschaft der Alamannen: das jetzige Lobdenburg wird Sitz eines fränkischen Königshofes und Hauptstadt des Lobdengaus: das Christentum hält Einzug in Ladenburg
7. Jahrhundert	628 schenkt Frankenkönig Dagobert den Königshof Lobdenburg den Bischöfen von Worms
9. Jahrhundert	um 800: Ladenburg erhält die erste mittelalterliche Stadtmauer nach der römischen: sie ist ein Beweis für die Bedeutung der damaligen Stadt: in der Folgezeit erlebte Ladenburg Besuche deutscher Kaiser, vornehmlich zu Besuchen des Bischofs
11. Jahrhundert	Krypta der Galluskirche wird unter Beisein von Heinrich II. eingeweiht (1006): damals noch außerhalb der Stadtmauer
13. Jahrhundert	Ladenburg erhält weitere Stadtmauer als Erweiterung der bestehenden (um 1200): Martinstor und Hexenturm sind noch erhaltene Teile dieser Mauer: mit dem Bau der Galluskirche wird begonnen 1255: Stadt ist Mitglied des Rheinischen Städtebundes

14. Jahrhundert	mit Erstarken der Kurpfalz beginnt Ringen um die Macht in Ladenburg zwischen Kurfürst und Bischof von Worms: 1387 teilen sich Bischof und Kurfürst die Herrschaft
15. Jahrhundert	Ladenburg ist Stadt im ausgehenden Mittelalter: im Bereich Bischofshof wird die Sebastiankapelle umgestaltet und südlich der Stadtmauer legen die Bischöfe den Lustgarten an; unter Bischof Dalberg erlebt die Stadt eine kulturelle Blüte
16. Jahrhundert	Kaiser Maximilian I. besucht die Stadt vom 16. bis 18. Dezember 1502: Ladenburg erfährt die Wirren der Reformation
17. Jahrhundert	Ladenburg erfährt Zerstörung und Not im Dreißigjährigen Krieg; nach Belagerung durch Mansfeld zerstört dieser die Stadt in großen Teilen im Jahr 1622; nach Ende des Dreißigjährigen Krieges wird Ladenburg nochmals Opfer von Kriegswirren: im Pfälzischen Erbfolgekrieg wird die Stadt 1689 durch die Truppen Melacs geplündert, entgeht jedoch mit Glück der Politik der verbrannten Erde, wie es Heidelberg erlebt hat
18. Jahrhundert	Cessionsvertrag zwischen Kurfürst Johann Wilhelm und Bischof Franz Ludwig: Ladenburg wird ganz pfälzisch, die Herrschaft der Bischöfe geht zu Ende: Ladenburg wird Sitz eines Oberamtes
19. Jahrhundert	Ladenburg wird badisch (1803); 1849 wird die Stadt und die wenige Jahre zuvor erbaute Eisenbahn-Neckarbrücke von badischen Freischaren und preußisch-mecklenburgischen Truppen umkämpft
20. Jahrhundert	Zerstörung der Synagoge in der Hauptstraße; am 28. März 1945 besetzen amerikanische Truppen kampflos die Stadt: der 2. Weltkrieg geht für Ladenburg zu Ende; 1972 wird Ladenburg im Landesentwicklungsplan des Landes Baden-Württemberg als Unterzentrum ausgewiesen; 1979 wird die Altstadtsanierungspolitik im Bundeswettbewerb „Stadtgestalt und Denkmalschutz im Städtebau" mit einer Goldmedaille prämiert; 1983 Partnerschaft mit der Präfektur Garango im afrikanischen Staat Burkina Faso und 1984 Partnerschaft mit der Marktgemeinde Parternion in Kärnten/Österreich; 1993: Ladenburg hat 12985 Einwohner und eine Gemarkungsfläche von 1900 ha, wovon 220 ha bebaut sind

Neckarbrücke mit Industrieschornsteinen

Grundriß von Forum, Marktbasilika und St. Galluskirche

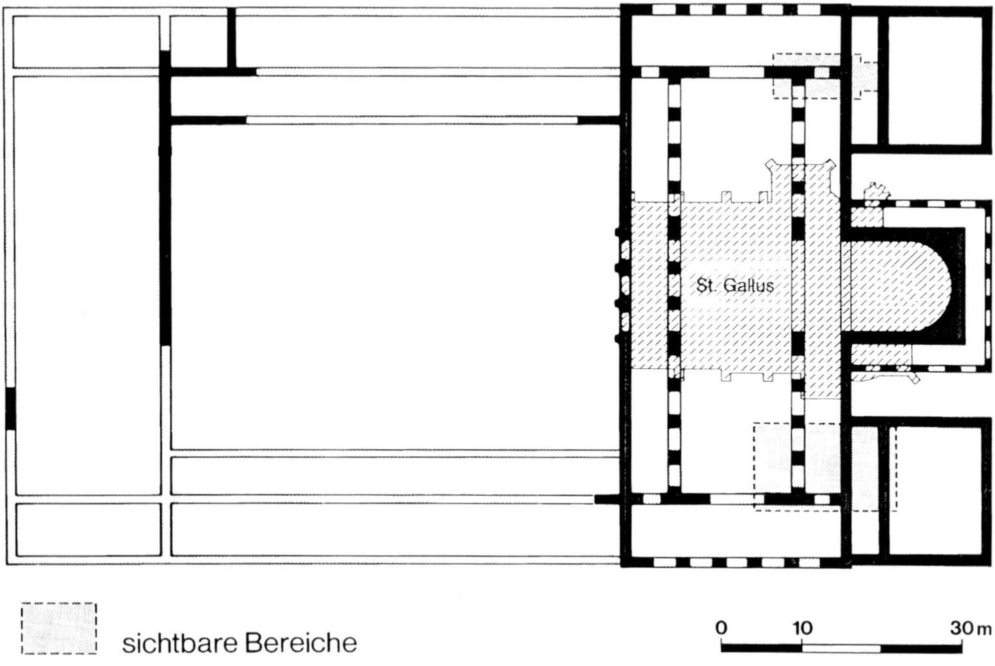

Vorläufige Rekonstruktion von Basilika und Forum

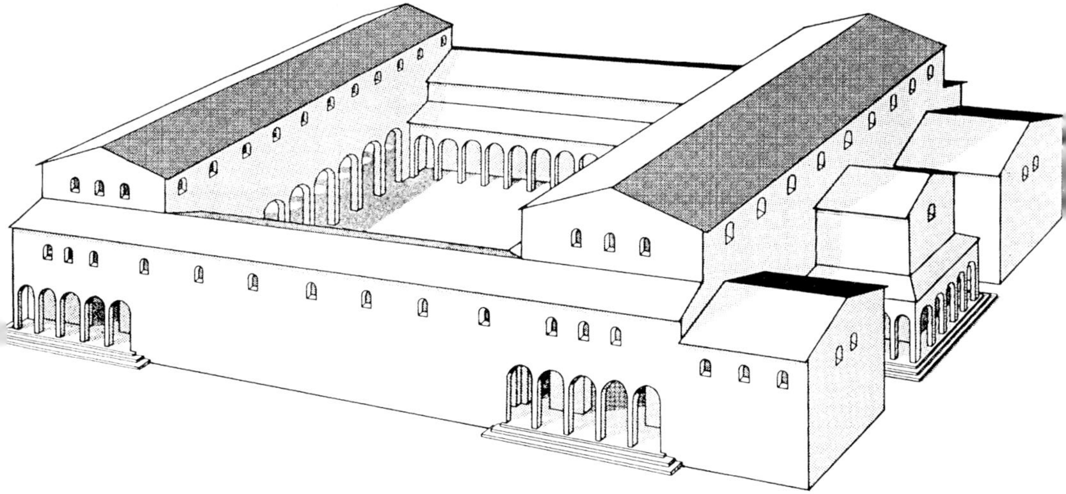

Impressum

© Edition Braus
Texte: Karl Hoffmann und Rainer Beedgen
Photos: Photographische Interessen-Gesellschaft Pentaprisma (PIGP) unter der Leitung von Uwe Wagenfeld
Gestaltung: Doris Braus van Essen
Lektorat: Tatjana Strasser
Herstellung: Brausdruck GmbH
1. Auflage November 1994
Alle Rechte vorbehalten
ISBN 3-89466-118-6